skola - школа	2
vjaġġar - путешествие	5
trasport - транспорт	8
belt - город	10
pajsaġġ - ландшафт	14
ristorant - ресторан	17
supermarkit - супермаркет	20
xorb - напитки	22
ikel - еда	23
razzett - ферма	27
dar - дом	31
kamra tal-ikel - гостиная	33
kċina - кухня	35
kamra tal-banju - ванная комната	38
kamra tat-tfal - детская комната	42
ħwejjeġ - одежда	44
uffiċċju - офис	49
ekonomija - экономика	51
xogħolijiet - профессии	53
għodda - инструменты	56
strumenti mużikali - музыкальные инструменты	57
żoo - зоопарк	59
sports - спорт	62
attivitajiet - действия	63
familja - семья	67
ġisem - тело	68
sptar - больница	72
emerġenza - неотложный случай	76
dinja - земля	77
arloġġ - часы	79
ġimgħa - неделя	80
sena - год	81
forom - формы	83
kuluri - цвета	84
opposti - противоположности	85
numri - цифры	88
lingwi - языки	90
min / xiex / kif - кто / что / как	91
fejn - где	92

Impressum
Verlag: BABADADA GmbH, Nedderfeld 112 , 22529 Hamburg
Geschäftsführer / Verlagsleitung: Harald Hof
Druck: Books on Demand GmbH, In de Tarpen 42, 22848 Norderstedt

Imprint
Publisher: BABADADA GmbH, Nedderfeld 112 , 22529 Hamburg, Germany
Managing Director / Publishing direction: Harald Hof
Print: Books on Demand GmbH, In de Tarpen 42, 22848 Norderstedt, Germany

skola
школа

- aqsam / делить
- bord / доска
- klassi / классная комната
- bitħa tal-iskola / школьный двор
- għalliem / учитель
- karta / бумага
- pinna / ручка
- skrivanija / письменный стол
- riga / линейка
- kiteb / писать
- ktieb / книга
- student / ученик

basket tal-iskola
ранец

kaxxa tal-lapsijiet
пенал

lapes
карандаш

temprin għal-lapes
точилка

gomma
ластик

pad tat-tpinġija
альбом для рисования

tpinġija
рисунок

pinzell
кисточка

kaxxa taż-żebgħa
коробка красок

mqass
ножницы

kolla
клей

pitazz
тетрадь

xogħol tad-dar
домашняя работа

numru
цифра

għodd
прибавлять

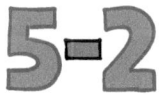
naqqas
вычитать

mmultiplika
умножать

kkalkula
считать

ittra
буква

alfabett
алфавит

kelma
слово

skola - школа

test
текст

qara
читать

ġibs
мел

lezzjoni
урок

reġistru
классный журнал

eżami
экзамен

ċertifikat
диплом

uniformi tal-iskola
школьная форма

edukazzjoni
образование

enċiklopedija
энциклопедия

università
университет

mikroskopju
микроскоп

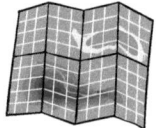
mappa
карта

reċipjent għar-rimi tal-karti
корзина для бумаг

skola - школа

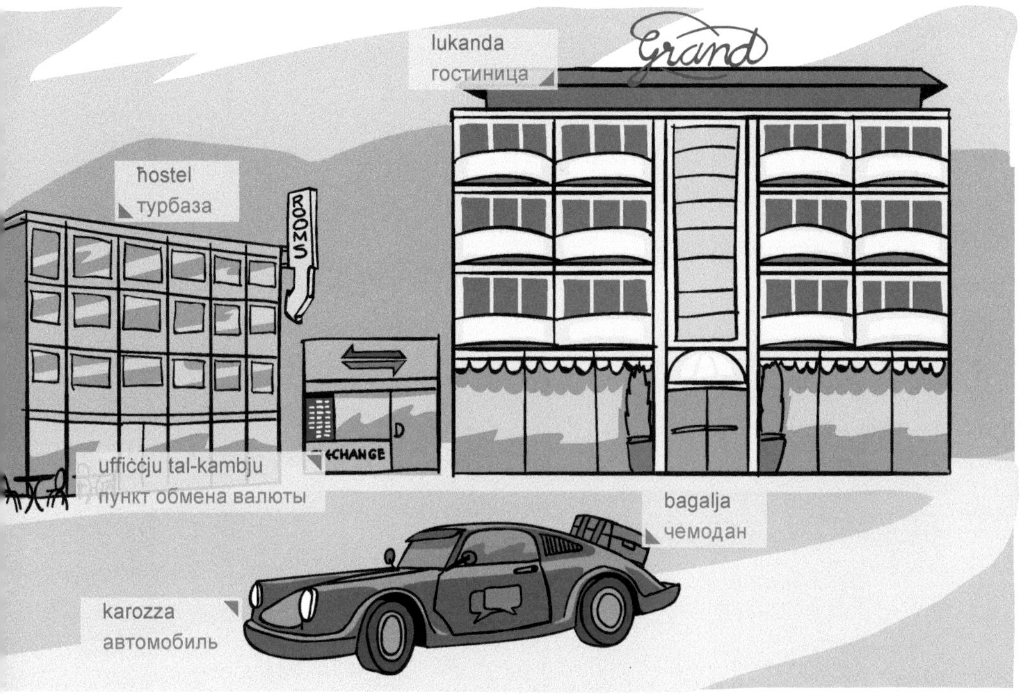

vjaġġar
путешествие

lukanda
гостиница

ħostel
турбаза

uffiċċju tal-kambju
пункт обмена валюты

bagalja
чемодан

karozza
автомобиль

lingwa
язык

iva / le
да / нет

okay
хорошо

hello
Привет

traduttur
переводчик

Grazzi
Спасибо

vjaġġar - путешествие 5

kemm jiswa ....?

Сколько стоит…?

Mhux nifhem

Я не понимаю

problema

проблема

Il-lejl it-tajjeb

Добрый вечер!

Bonġu

Доброе утро!

Il-lejl it-tajjeb

Доброй ночи!

ċaw

До свидания

direzzjoni

направление

bagalji

багаж

basket

сумка

backpack

рюкзак

mistieden

гость

kamra

комната

sleeping bag

спальный мешок

tinda

палатка

uffiċċju ta' informazzjoni
għat-turisti
туристическая
информация

xtajta
пляж

karta tal-kreditu
кредитная карточка

kolazzjon
завтрак

pranzu
обед

ċena
ужин

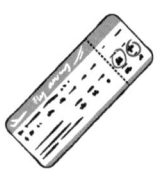

biljett
билет

lift
лифт

bolla
почтовая марка

transkonfinali
граница

dwana
таможня

ambaxxata
посольство

viża
виза

passaport
паспорт

vjaġġar - путешествие

trasport
транспорт

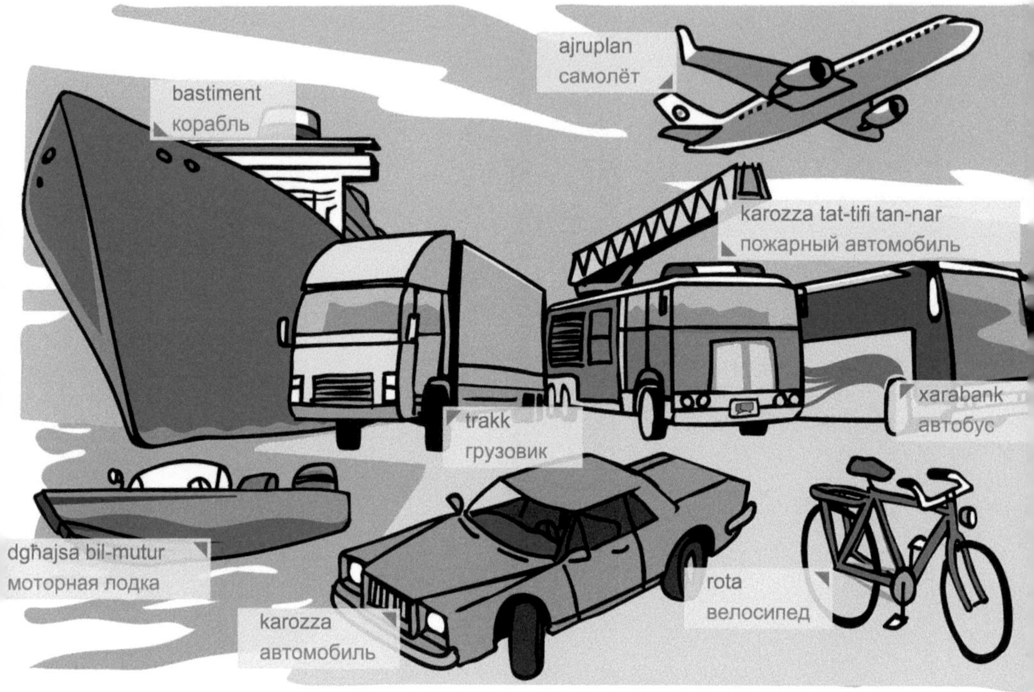

ajruplan
самолёт

bastiment
корабль

karozza tat-tifi tan-nar
пожарный автомобиль

xarabank
автобус

trakk
грузовик

dgħajsa bil-mutur
моторная лодка

rota
велосипед

karozza
автомобиль

lanċa

паром

dgħajsa

лодка

mutur

мотоцикл

karozza tal-pulizija

полицейский автомобиль

karozza tat-tlielaq

гоночный автомобиль

karozza tal-kiri

арендованный автомобиль

kondiviżjoni tal-karozzi
совместное пользование автомобилями

trakk tal-irmonk
буксировочный автомобиль

trakk tal-ġbir tal-iskart
мусоровоз

mutur
двигатель

fjuwil
топливо

pompa tal-petrol
заправка

sinjal tat-traffiku
дорожный знак

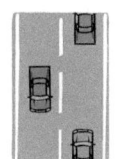

traffiku
движение

konġestjoni tat-traffiku
пробка

parkeġġ
автостоянка

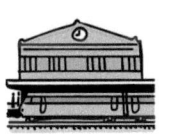

stazzjoni tal-ferrovija
вокзал

linji ferrovjarji
рельсы

ferrovija
поезд

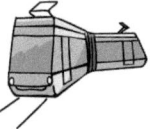

tramm
трамвай

vagun
вагон

trasport - транспорт

ħelikopter
вертолёт

ajruport
аэропорт

torri
вышка

passiġġier
пассажир

kontejner
контейнер

kartuna
коробка

karretta
тележка

qoffa
корзина

tluq / inżul
взлетать / приземляться

belt
город

villaġġ
деревня

ċentru tal-belt
центр города

dar
дом

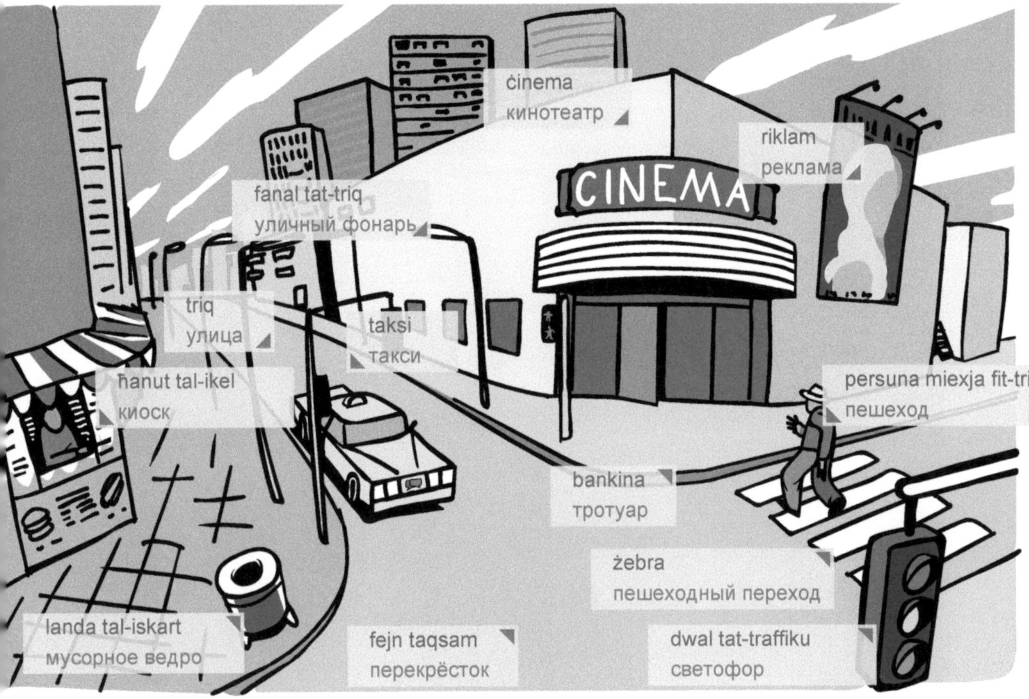

għarix
хижина

flett
квартира

stazzjoni tal-ferrovija
вокзал

kunsill lokali
ратуша

mużew
музей

skola
школа

belt - город

università

университет

bank

банк

sptar

больница

lukanda

гостиница

spiżerija

аптека

uffiċċju

офис

ħanut tal-kotba

книжный магазин

ħanut

магазин

ħanut tal-fjuri

цветочный магазин

supermarkit

супермаркет

suq

рынок

kumpless tax-xiri

универмаг

ħanut tal-ħut

торговец рыбой

ċentru tax-xiri

торговый центр

port

порт

belt - город

park
парк

bank
скамейка

pont
мост

taraġ
лестница

trasport taħt l-art
метро

mina
тоннель

ost ta' waqfien għal tal-linja
автобусная остановка

bar
бар

ristorant
ресторан

kaxxa postali
почтовый ящик

sinjal tat-triq
табличка с названием улицы

miter tal-parkeġġ
паркометр

żoo
зоопарк

pixxina
бассейн

moskea
мечеть

razzett
ферма

tniġġis
загрязнение окружающей среды

ċimiterju
кладбище

knisja
церковь

bitħa
детская площадка

tempju
храм

pajsaġġ
ландшафт

- werqa — лист
- sinjal għad-direzzjoni — дорожный указатель
- mogħdija — дорога
- mergħa — луг
- ġebla — камень
- siġra — дерево
- ħajker — путешественник
- xmara — река
- ħaxix — трава
- fjura — цветок

pajsaġġ - ландшафт

wied
долина

għolja
гора

lag
озеро

foresta
лес

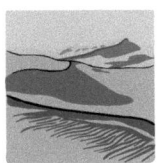
deżert
пустыня

vulkan
вулкан

kastell
замок

qawsalla
радуга

faqqiegħ
гриб

siġra tal-palm
пальма

nemusa
комар

dubbiena
муха

nemla
муравей

naħla
пчела

brimba
паук

pajsaġġ - ландшафт

ħanfusa
жук

żrinġ
лягушка

skwiril
белка

qanfud
еж

liebru
заяц

kokka
сова

għasfur
птица

ċinju
лебедь

ħanżir
кабан

ċerv
олень

ċerv Amerikan
лось

diga
плотина

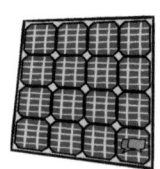

turbina tar-riħ
ветряной генератор

pannell solari
солнечная батарея

klima
климат

pajsaġġ - ландшафт

ristorant
ресторан

starter
закуска

platt prinċipali
главное блюдо

deżerta
десерт

xorb
напитки

ikel
еда

flixkun
бутылка

fast food
фастфуд

streetfood
уличная еда

tettiera
чайник

kaxxa għaz-zokkor
сахарница

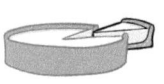
porzjon
порция

magna tal-espresso
кофеварка

high chair
детский стульчик

kont
счет

trej
поднос

sikkina
нож

furketta
вилка

mgħarfa
ложка

kuċċarina
чайная ложка

sarvetta
салфетка

tazza
стакан

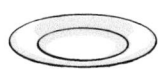  

platt	platt għas-soppa	plattina
тарелка	суповая тарелка	блюдце

 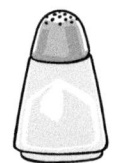 

zalza	salt shaker	mitħna tal-bżar
соус	солонка	мельница для перца

  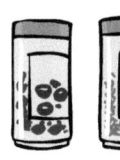

ħall	żejt	ħwawar
уксус	масло	специи

ketchup	mustarda	majoneż
кетчуп	горчица	майонез

ristorant - ресторан

supermarkit

супермаркет

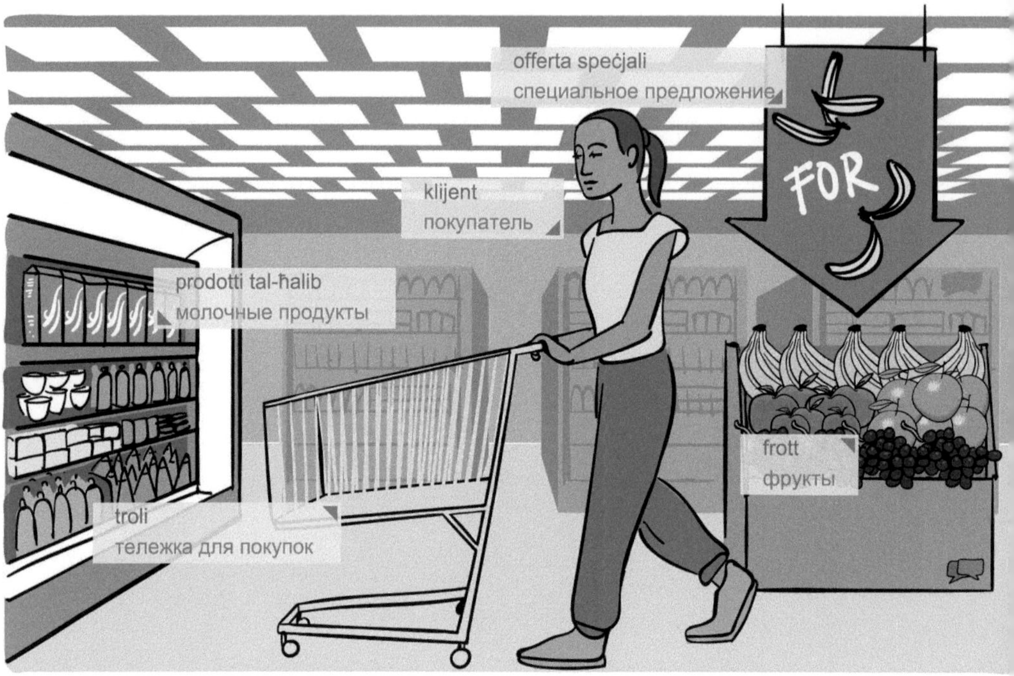

offerta speċjali
специальное предложение
FOR
klijent
покупатель
prodotti tal-ħalib
молочные продукты
frott
фрукты
troli
тележка для покупок

BUTCHERS

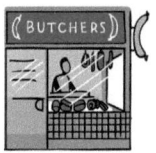

tal-laħam

мясной магазин

BAKERY

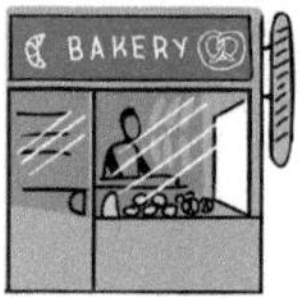

tal-ħobż

пекарня

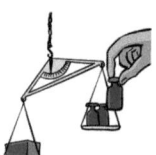

wiżen

взвешивать

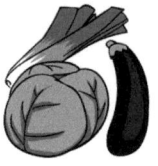

ħaxix

овощи

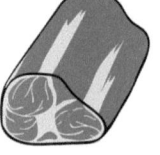

laħam

мясо

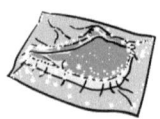

ikel iffriżat

быстрозамороженные продукты

laħam kiesaħ
нарезка

ikel tal-landa
консервы

trab tal-ħasil
стиральный порошок

ħelu
сладости

prodotti tad-dar
предмет домашнего обихода

prodotti tat-tindif
моющее средство

salesgirl
продавщица

cash register
касса

kaxxier
кассир

lista tax-xiri
список покупок

ħinijiet tal-ftuħ
время работы

kartiera
бумажник

karta tal-kreditu
кредитная карточка

basket
сумка

borża tal-plastik
полиэтиленовый пакет

supermarkit - супермаркет

xorb
напитки

ilma
вода

ġjus
сок

ħalib
молоко

coca
кока-кола

nbid
вино

birra
пиво

alkoħol
алкоголь

kawkaw
какао

te
чай

kafè
кофе

espresso
эспрессо

cappuccino
капучино

ikel
еда

banana
банан

tuffieħa
яблоко

laringa
апельсин

dulliegħa
арбуз

lumija
лимон

karrotta
морковь

tewm
чеснок

bambù
бамбук

basla
лук

faqqiegħ
гриб

ġewż
орехи

noodles
лапша

spagetti
спагетти

ross
рис

insalata
салат

ćips
картофель фри

patata moqlija
жареный картофель

pizza
пицца

ħamberger
гамбургер

sandwiċ
сэндвич

kutuletta
шницель

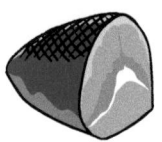
perżut
ветчина

salami
салями

zalzett
колбаса

tiġieġa
курица

imsajjar fil-forn
жаркое

ħut
рыба

ikel - еда

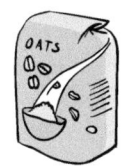

ħafur tal-poriġ
овсяные хлопья

muesli
мюсли

cornflakes
кукурузные хлопья

dqiq
мука

croissant
круассан

bezzun
булочка

ħobż
хлеб

towst
тост

gallettini
печенье

butir
масло

baqta
творог

kejk
пирог

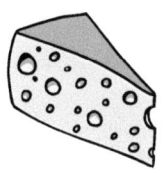

bajda
яйцо

bajda moqlija
яичница

ġobon
сыр

ġelat	zokkor	għasel
мороженое	сахар	мёд

ġamm	krema tal-qubbajt	kari
мармелад	крем с нугой	карри

razzett
ферма

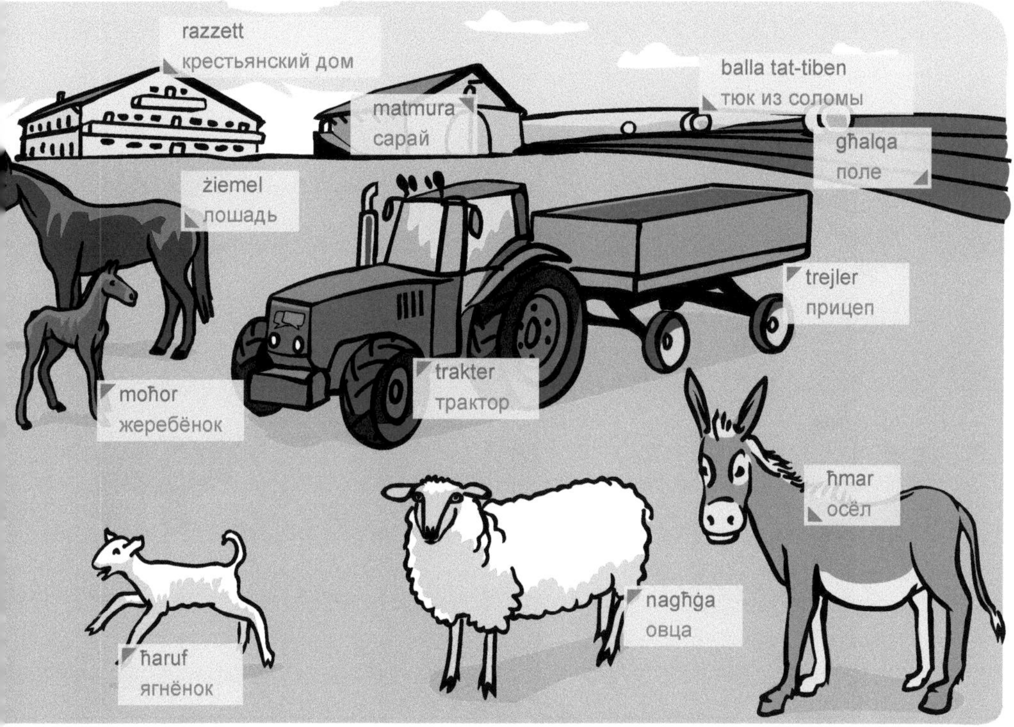

razzett / крестьянский дом
matmura / сарай
balla tat-tiben / тюк из соломы
għalqa / поле
żiemel / лошадь
trejler / прицеп
moħor / жеребёнок
trakter / трактор
ħmar / осёл
naghġa / овца
ħaruf / ягнёнок

mogħża
коза

baqra
корова

għoġol
телёнок

ħanżir
свинья

qażquż
поросёнок

barri
бык

wiżż
гусь

papra
утка

fellus
цыплёнок

tiġieġa
курица

serduk
петух

far
крыса

qattus
кошка

ġurdien
мышь

gendus
вол

kelb
собака

dar ta' kelb
конура

pajp tal-ġnien
садовый шланг

bexxiexa
лейка

scythe
коса

moħriet
плуг

razzett - ферма

minġel
серп

magħżqa
мотыга

furkettun
навозные вилы

mannara
топор

karretta
тачка

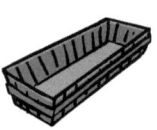

ħawt
корыто

bott tal-ħalib
бидон для молока

xkora
мешок

ċint
забор

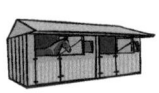

stalla
хлев

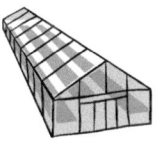

serra
теплица

ħamrija
почва

żerriegħa
посев

fertilizzant
удобрение

apparat għal ħsad ikkombinat
комбайн

razzett - ферма

ħasad
собирать урожай

ħsad
урожай

yams
ямс

qamħ
пшеница

sojja
соя

patata
картофель

qamħirrun
кукуруза

kolza
рапс

siġra tal-frott
фруктовое дерево

manjoka
маниок

ċereali
злаки

dar
дом

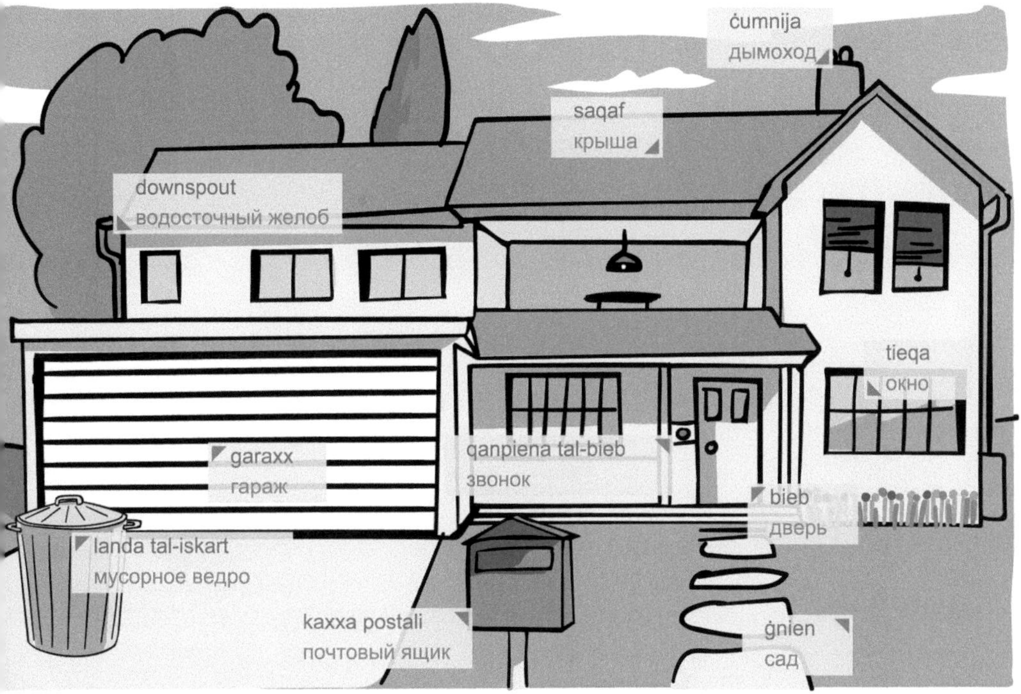

ćumnija — дымоход
saqaf — крыша
downspout — водосточный желоб
tieqa — окно
garaxx — гараж
qanpiena tal-bieb — звонок
bieb — дверь
landa tal-iskart — мусорное ведро
kaxxa postali — почтовый ящик
ġnien — сад

kamra tal-ikel
гостиная

kamra tal-banju
ванная комната

kċina
кухня

kamra tas-sodda
спальня

kamra tat-tfal
детская комната

kamra tal-pranzu
столовая

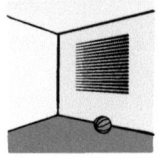		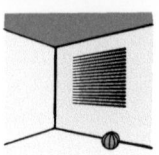
art пол	ħajt стена	saqaf потолок
	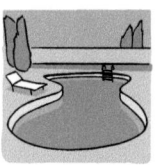	
kantina подвал	sawna сауна	gallarija балкон

terrazzin терраса	pixxina бассейн	lawn mower газонокосилка

liżar пододеяльник	għata tas-sodda покрывало	sodda кровать

xkupa метла	barmil ведро	swiċċ выключатель

kamra tal-ikel
гостиная

- stampa — рисунок
- wallpaper — обои
- lampa — лампа
- xkaffa — полка
- armarju — шкаф
- fireplace — камин
- televixin — телевизор
- fjura — цветок
- kuxin — подушка
- xkaffa — диван
- važun — ваза
- rimot — пульт дистанционного управления

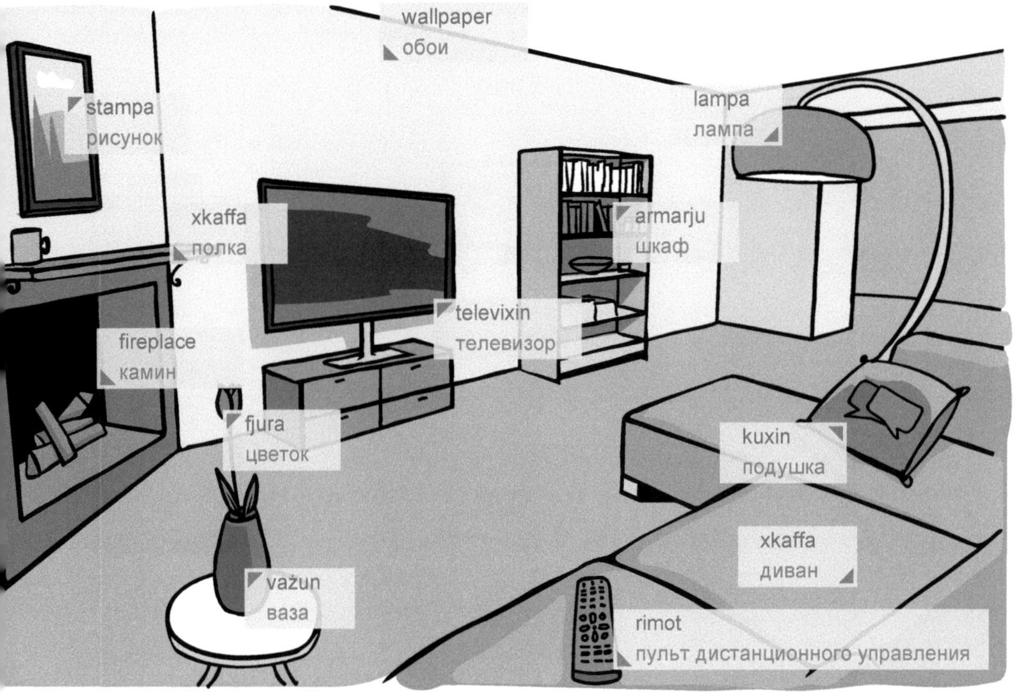

tapit
ковёр

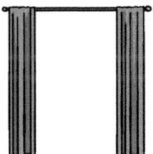

purtiera
штора

mejda
стол

siġġu
стул

siġġu li jitbandal
кресло-качалка

pultruna
кресло

kamra tal-ikel - гостиная

ktieb
книга

kutra
покрывало

dekorazzjoni
украшение

ħatab
дрова

film
фильм

hi-fi
стереосистема

ċavetta
ключ

gazzetta
газета

pittura
картина

poster
плакат

radju
радио

notebook
блокнот

vacuum cleaner
пылесос

kaktus
кактус

xemgħa
свеча

kamra tal-ikel - гостиная

kċina
кухня

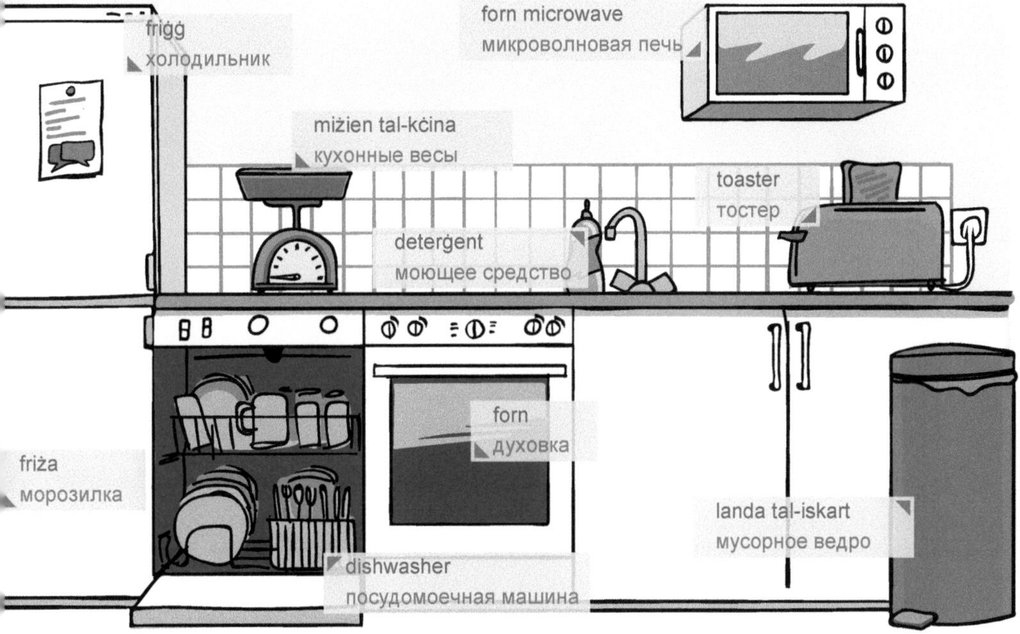

frigġ
холодильник

forn microwave
микроволновая печь

miżien tal-kċina
кухонные весы

detergent
моющее средство

toaster
тостер

friża
морозилка

forn
духовка

landa tal-iskart
мусорное ведро

dishwasher
посудомоечная машина

kuker
плита

borma
кастрюля

borma tal-ħadid fondut
чугунный кōтелок

wok / kadai
вок / кадай

taġen
сковорода

kitla
чайник

kċina - кухня

steamer
пароварка

trej tal-forn
противень

fajjenza
посуда

magg
кружка

skutella
миска

chopsticks
палочки для еды

kuċċarun
половник

spatula
лопатка

whisk
сбивалка

passatur
сито

għarbiel
сито

ħakkieka
тёрка

mehrież
ступка

barbecue
гриль

fuklar miftuħ
костёр

kċina - кухня

chopping board
доска

lembuba
скалка

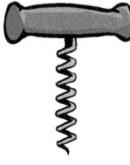
corkscrew
штопор

landa
жестяная банка

opener tal-laned
консервный нож

biċċa għall-borom
прихватка

sink
раковина

xkupilja
щетка

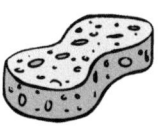
sponża
губка

blender
миксер

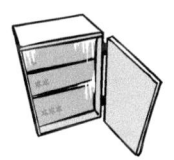
friża
морозильная камера

flixkun tat-trabi
бутылочка для кормления

vit
кран

kċina - кухня

kamra tal-banju
ванная комната

- tisħin — отопление
- doċċa — душ
- xugaman — полотенце
- purtiera tad-doċċa — душевая занавеска
- bubble bath — пенистая ванна
- banju — ванна
- tazza — стакан
- magna tal-ħasil — стиральная машина
- vit — кран
- madum — плитка
- potty — горшок
- sink — раковина

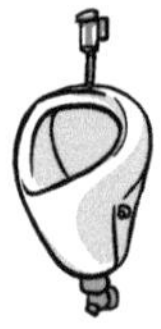

tojlit	squat toilet	bidet
туалет	напольный унитаз	биде
urinarju	toilet paper	xkupilja tat-tojlit
писсуар	туалетная бумага	ершик

kamra tal-banju - ванная комната

xkupilja tas-snien

зубная щетка

toothpaste

зубная паста

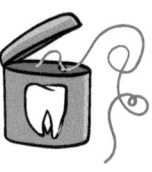

floss dentali

зубная нить

ħasel

мыть

doċċa li tinżamm fl-idejn

ручной душ

doċċa intima

интимный душ

baċin

таз

xkupilja għad-dahar

щетка для спины

sapun

мыло

sapun tad-doċċa

гель для душа

xampu

шампунь

flanella

мочалка

drejn

сток

krema

крем

deodorant

дезодорант

kamra tal-banju - ванная комната

mera
зеркало

mera tal-idejn
ручное зеркало

xejver
бритва

fowm tal-leħja
пена для бритья

aftershave
лосьон после бритья

pettne
расческа

xkupilja
щетка

hair-dryer
фен

sprej tax-xagħar
лак для волос

irtokk
косметика

lipstick
губная помада

verniċ tad-dwiefer
лак для ногтей

tajjar
вата

mqass tad-dwiefer
маникюрные ножницы

fwieħa
духи

kamra tal-banju - ванная комната

kit għall-prodotti tal-iġjene personali
косметичка

ippurgar
табуретка

miżien
весы

bathrobe
халат

ingwanti tal-gomma
резиновые перчатки

tampon
тампон

prodott sanitarju
гигиеническая прокладка

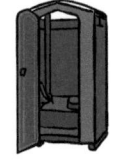

tojlits mobbli
биотуалет

kamra tal-banju - ванная комната

kamra tat-tfal

детская комната

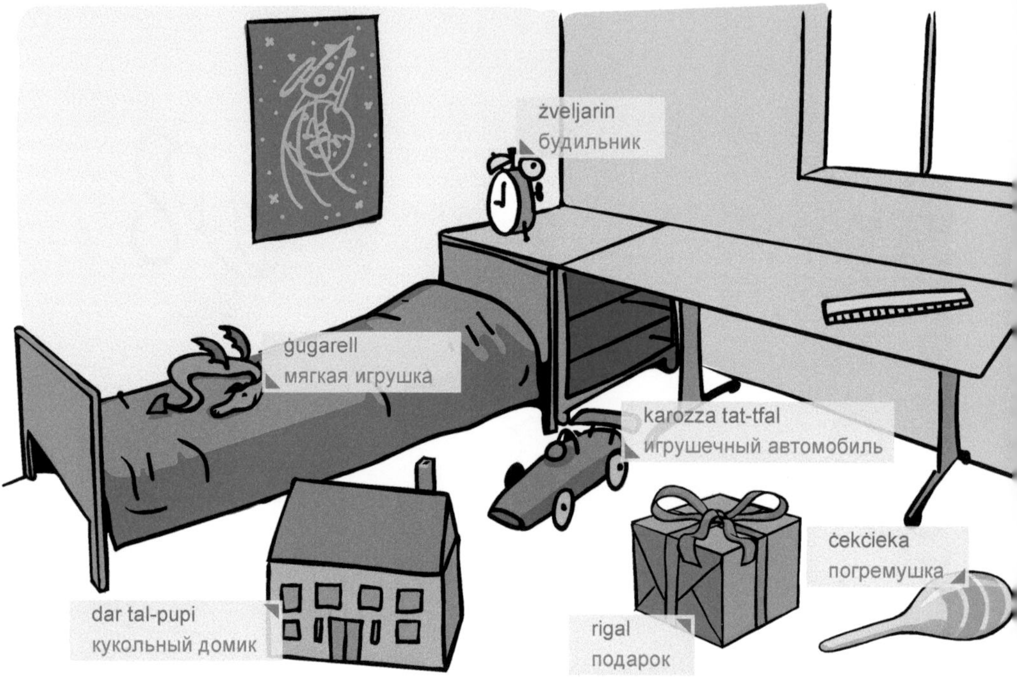

żveljarin
будильник
ġugarell
мягкая игрушка
karozza tat-tfal
игрушечный автомобиль
ċekċieka
погремушка
dar tal-pupi
кукольный домик
rigal
подарок

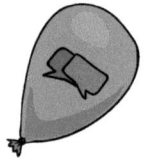

bużżieqa

воздушный шар

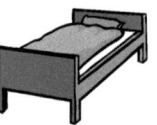

sodda

кровать

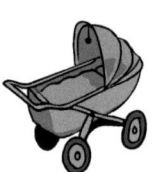

pram

детская коляска

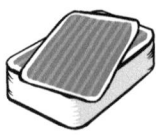

mazz karti

карточная игра

jigsaw

пазл

SUPER
MEGA

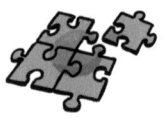

komik

комикс

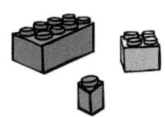

briks tal-lego

кирпичики Лего

blokks tal-logħob

кубики

pupu

игрушечная фигурка

babygrow

ползунки

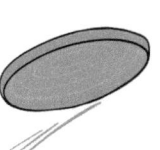

frisbee

фрисби

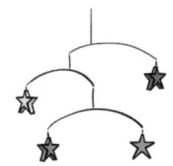

mobile

мобиле

board game

настольная игра

damma

кубик

sett ta' ferrovija ġugarell

модель железной дороги

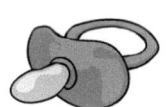

gażaża

соска

parti

вечеринка

ktieb bl-istampi

книга с картинками

ballun

мяч

pupa

кукла

lagħab

играть

sandpit
песочница

bandla
качели

ġugarelli
игрушка

video game console
игровая приставка

triciklu
трёхколёсный велосипед

teddy bear
плюшевый медвежонок

gwardarobba
шкаф для одежды

ħwejjeġ
одежда

peduni
носки

stockings
чулки

tajts
колготки

ħwejjeġ - одежда

ġisem
боди

qalziet
брюки

jeans
джинсы

dublett
юбка

blaws
блузка

qmis
рубашка

pullover
свитер

flokk tas-suf
свитер

blejżer
спортивная куртка

ġakketta
жакет

kowt
пальто

inċirata
плащ

kostum
костюм

libsa
платье

libsa tat-tieġ
свадебное платье

ħwejjeġ - одежда

suit

мужской костюм

libsa tas-sodda

ночная сорочка

piġama

пижама

sari

сари

hijab

платок

turban

тюрбан

burka

паранджа

kaftan

кафтан

abaya

абайя

malja

купальник

malja tal-irġiel

плавки

xorts

шорты

tracksuit

спортивный костюм

fardal

фартук

ingwanti

перчатки

ħwejjeġ - одежда

buttuna

пуговица

nuċċali

очки

brazzuletta

браслет

ġiżirana

цепочка

ċurkett

кольцо

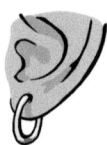

misluta

серьга

beritta

шапка

spalliera għall-kowt

вешалка

kappell

шляпа

ingravata

галстук

żipp

застежка молния

elmu

шлем

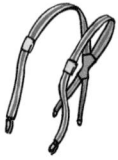

ċineg

подтяжки

uniformi tal-iskola

школьная форма

uniformi

форма

ħwejjeġ - одежда

vavalor
детский нагрудник

gażaża
соска

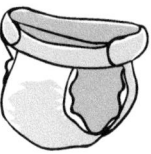
ħarqa
подгузник

uffiċċju
офис

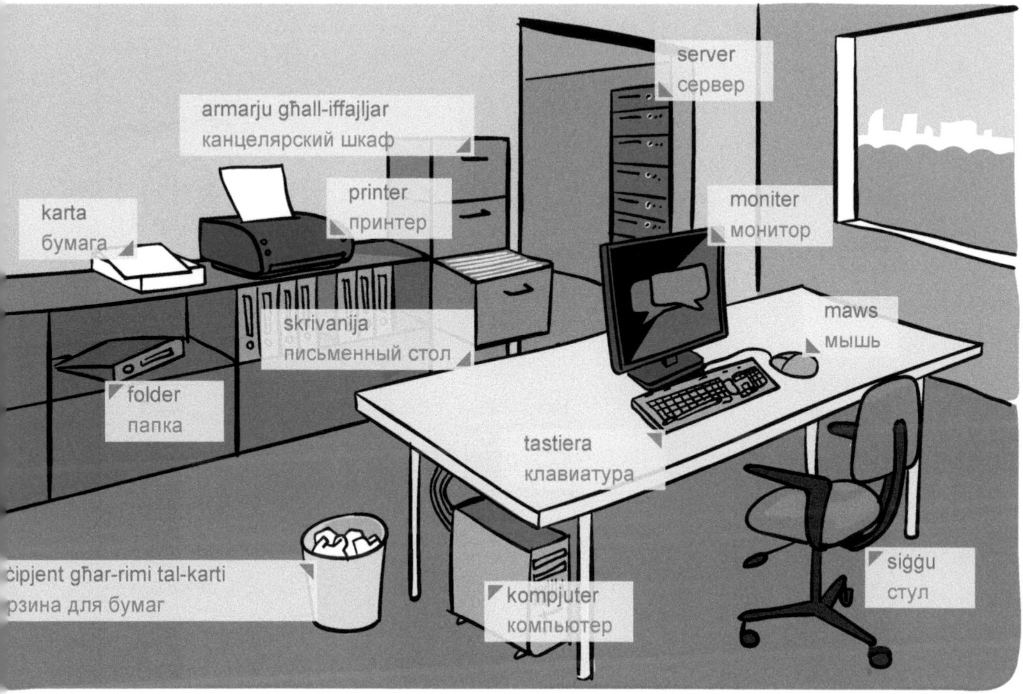

- server / сервер
- armarju għall-iffajljar / канцелярский шкаф
- printer / принтер
- moniter / монитор
- karta / бумага
- maws / мышь
- skrivanija / письменный стол
- folder / папка
- tastiera / клавиатура
- ċipjent għar-rimi tal-karti / корзина для бумаг
- kompjuter / компьютер
- siġġu / стул

magg tal-kafè
кофейная кружка

calculator
калькулятор

internet
интернет

laptop
ноутбук

ittra
письмо

messaġġ
сообщение

mowbajl
мобильный телефон

network
сеть

magna għall-fotokopji
ксерокс

softwer
программа

telefon
телефон

sokit tal-plagg
розетка

magna tal-fax
факс

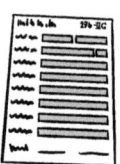

forma
формуляр

dokument
документ

ekonomija
экономика

xtara
покупать

ħallas
платить

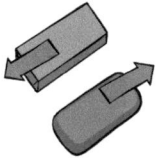
nnegozja
торговать

flus
деньги

dollaru
доллар

eurp
евро

yen
иена

rublu
рубль

frank Żvizzeru
франк

renminbi Yuan
жэньминьби юань

rupee
рупия

fejn tħallas
банкомат

uffiċċju tal-kambju
пункт обмена валюты

deheb
золото

fidda
серебро

żejt
нефть

enerġija
энергия

prezz
цена

kuntratt
договор

taxxa
налог

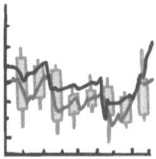
stokk
акция

ħadem
работать

impjegat
служащий

impjegatur
работодатель

fabbrika
фабрика

ħanut
магазин

ekonomija - экономика

xogħolijiet
профессии

uffiċjal tal-pulizija
милиционер

pompier
пожарный

kok
повар

tabib
врач

pilota
пилот

ġardinar

садовник

mastrudaxxa

столяр

ħajjata

швея

imħallef

судья

spiżjar

химик

attur

актёр

xufier tal-linja
водитель автобуса

xufier tat-taksi
таксист

sajjied
рыбак

ħassiela
уборщица

saqqaf
кровельщик

wejter
официант

kaċċatur
охотник

pittur
художник

furnar
пекарь

elektrixin
электрик

bennej
строитель

inġinier
инженер

biċċier
мясник

plamer
сантехник

pustier
почтальон

xogħolijiet - профессии

suldat
солдат

perit
архитектор

kaxxier
кассир

bejjiegħ tal-fjuri
флорист

parrukkier
парикмахер

kunduttur
кондуктор

mekkanik
механик

kaptan
капитан

dentist
зубной врач

xjenzat
ученый

rabbi
раввин

imam
имам

patri
монах

qassis
священник

xogħolijiet - профессии

għodda
инструменты

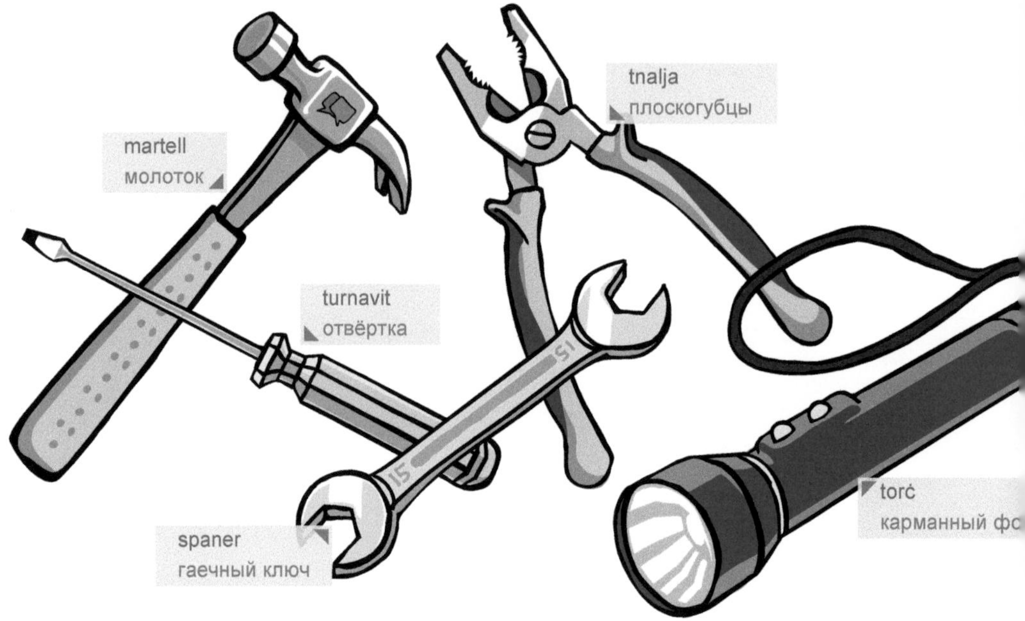

martell
молоток

tnalja
плоскогубцы

turnavit
отвёртка

torċ
карманный фо

spaner
гаечный ключ

gaffa

экскаватор

kaxxa tal-għodda

ящик для инструментов

sellum

стремянка

serrieq

пила

msiemer

гвозди

driller

дрель

sewwa
ремонтировать

pala
лопата

ll-marelli
Блин!

pala
совок

landa żebgħa
ведро с краской

viti
винты

strumenti mużikali
музыкальные инструменты

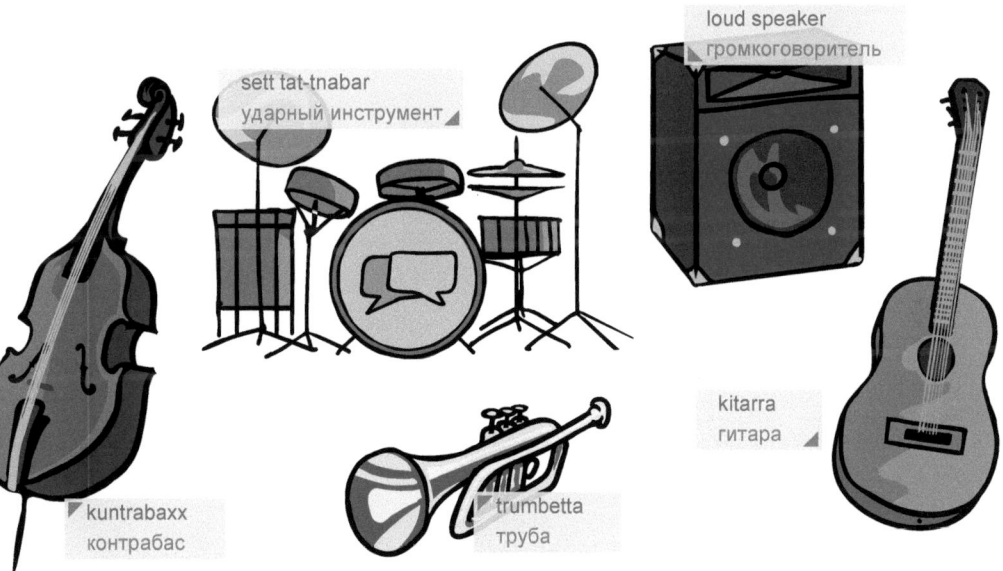

loud speaker
громкоговоритель

sett tat-tnabar
ударный инструмент

kitarra
гитара

kuntrabaxx
контрабас

trumbetta
труба

pjanu	vjolin	baxx
пианино	скрипка	бас-гитара

timpani	tnabar	keyboard
литавры	барабан	синтезатор

sassofonu	flawt	mikrofonu
саксофон	флейта	микрофон

strumenti mużikali - музыкальные инструменты

żoo
зоопарк

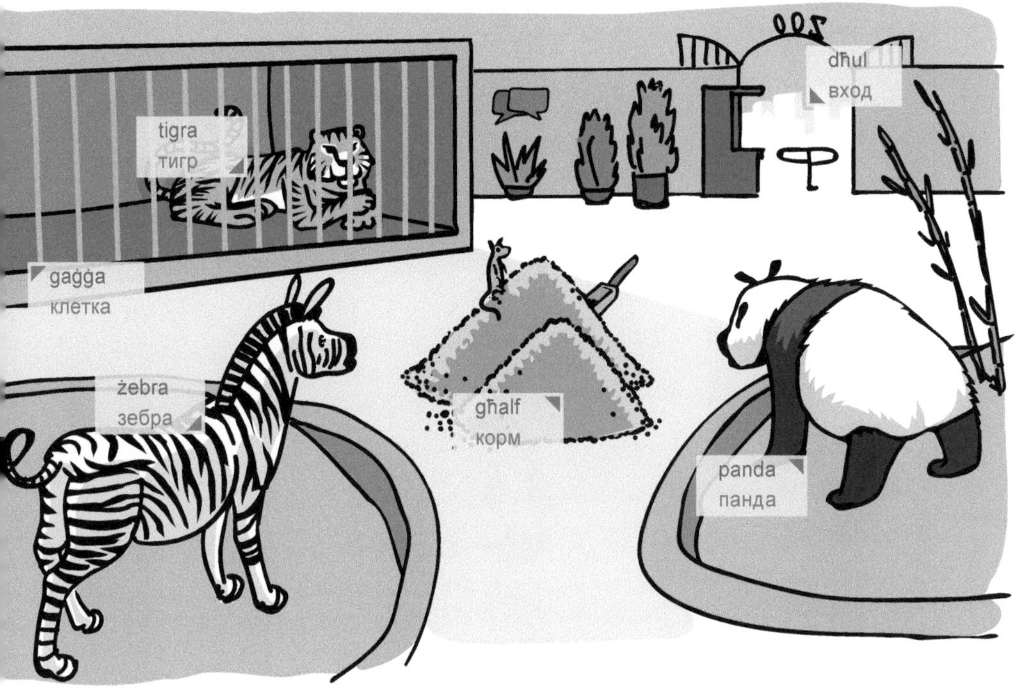

- tigra / тигр
- dħul / вход
- gaġġa / клетка
- żebra / зебра
- għalf / корм
- panda / панда

annimali
животные

iljunfant
слон

kangaru
кенгуру

rinoċeronti
носорог

gurilla
горилла

ors
медведь

ġemel
верблюд

nagħma
страус

ljun
лев

xadina
обезьяна

fjammingu
фламинго

pappagall
попугай

ors polari
белый медведь

pingwin
пингвин

kelb il-baħar
акула

pagun
павлин

serp
змея

kukkudrill
крокодил

gwardjan taż-żoo
служитель зоопарка

foka
тюлень

jaguar
ягуар

żoo - зоопарк

poni пони	leopard леопард	ippopotamu бегемот

ġiraffa жираф	ajkla орёл	ħanżir кабан

ħut рыба	fekruna черепаха	walrus морж

volpi лиса	għażżiela газель	

żoo - зоопарк

sports
спорт

attivitajiet
действия

qabeż / прыгать

għannaq / обнимать

daħak / смеяться

mexa / идти

kanta / петь

ħolom / мечтать

talab / молиться

bies / целовать

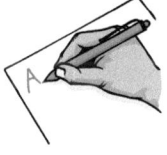

kiteb
писать

penġa
рисовать

wera
показывать

mbotta
нажимать

tar
давать

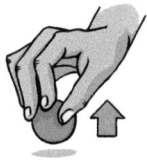

ħa
брать

għandu

иметь

għamel

делать

kien

быть

qam bilwieqfa

стоять

ġera

бежать

ġibed

тянуть

rema

бросать

waqa'

падать

mtedd

лежать

stenna

ждать

ġarr

носить

poġġa

сидеть

libes

надевать

raqad

спать

qam

просыпаться

attivitajiet - действия

ra
рассматривать

beka
плакать

melles
гладить

ippettna
причесывать

kellem
говорить

fehem
понимать

staqsi
спрашивать

sema'
слушать

xorob
пить

kiel
кушать

naddaf
наводить порядок

ħabb
любить

sajjar
готовить

saq
ехать

tar
летать

attivitajiet - действия

baħħar

ходить под парусом

kkalkula

считать

qara

читать

tgħallem

учиться

ħadem

работать

iżżewweġ

вступать в брак

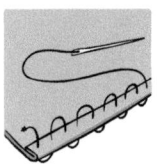

ħiet

шить

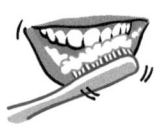

ħasel snienu

чистить зубы

qatel

убивать

pejjep

курить

bagħad

отправлять

familja
семья

nanna
бабушка

nannu
дедушка

missier
папа

omm
мама

tarbija
младенец

bint
дочь

iben
сын

mistieden
гость

zija
тетя

ziju
дядя

ħu
брат

oħt
сестра

familja - семья 67

ġisem
тело

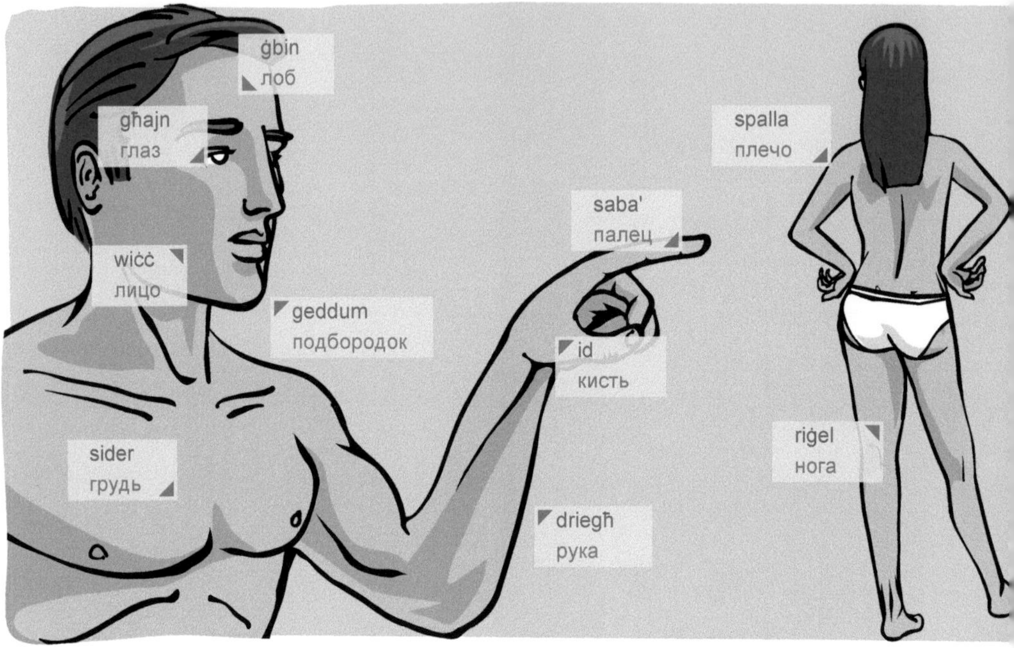

ġbin — лоб
għajn — глаз
wiċċ — лицо
geddum — подбородок
sider — грудь
saba' — палец
id — кисть
driegħ — рука
spalla — плечо
riġel — нога

tarbija
младенец

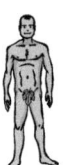
raġel
мужчина

mara
женщина

tifla
девочка

tifel
мальчик

ras
голова

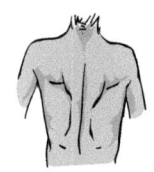

dahar
спина

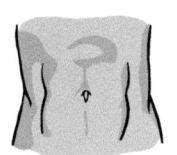

stonku
живот

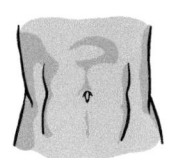

żokra
пупок

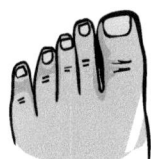

saba' tas-sieq
палец ноги

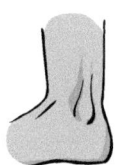

għarqub
пятка

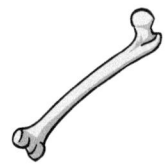

għadam
кость

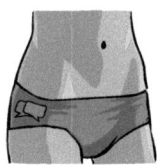

ġenb
бедро

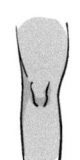

irkoppa
колено

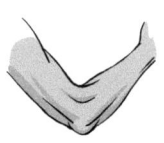

minkeb
локоть

mnieħer
нос

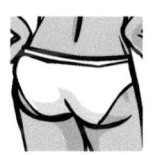

warrani
ягодицы

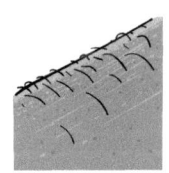

ġilda
кожа

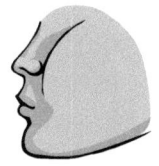

ħadd
щека

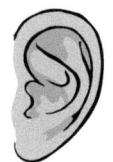

widna
ухо

xoffa
губа

ġisem - тело

ħalq
рот

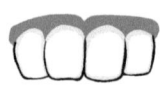

sinna
зуб

lsien
язык

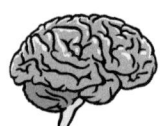

moħħ
мозг

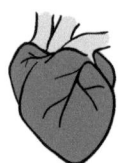

qalb
сердце

muskolu
мышца

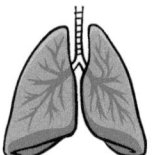

pulmun
лёгкое

fwied
печень

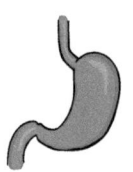

stonku
желудок

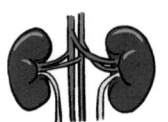

kliewi
почки

sess
половой акт

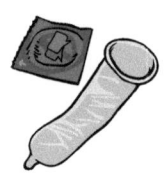

kondom
презерватив

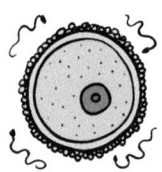

ovum
яйцеклетка

sperma
сперма

tqala
беременность

ġisem - тело

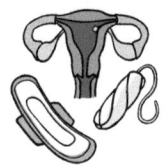

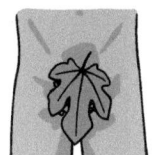

mestrwazzjoni — менструация

vaġina — вагина

pene — пенис

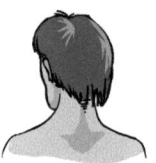

ħaġeb — бровь

xagħar — волосы

għonq — шея

ġisem - тело

sptar
больница

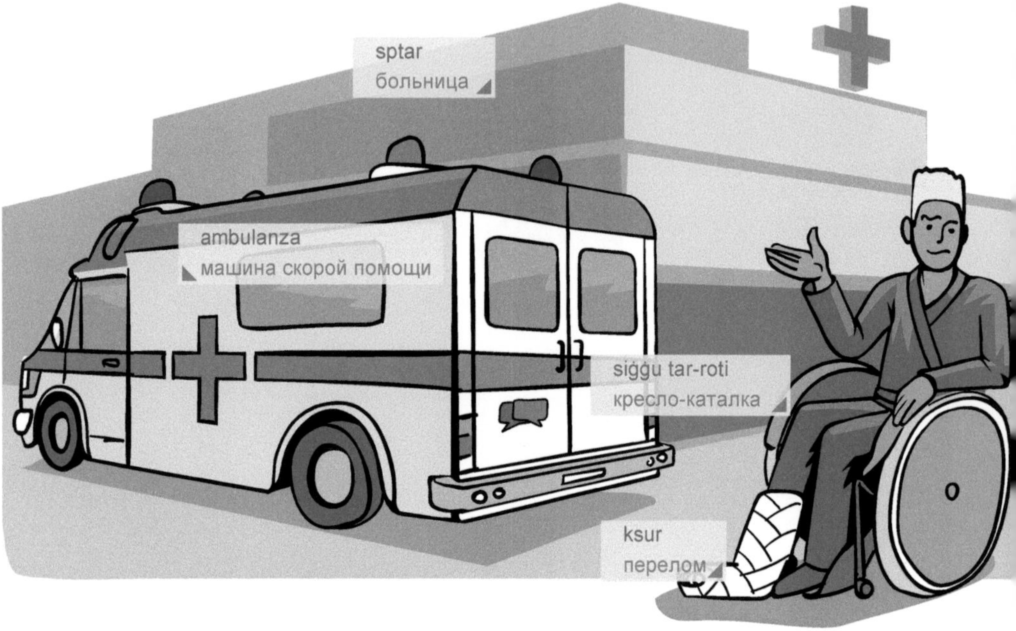

sptar
больница

ambulanza
машина скорой помощи

siġġu tar-roti
кресло-каталка

ksur
перелом

tabib
врач

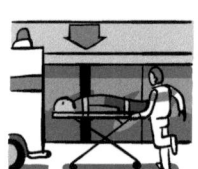

kamra tal-emerġenza
пункт первой помощи

infermiera/ners
медсестра

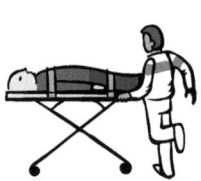

emerġenza
неотложный случай

mhux f'sensih
без сознания

uġigħ
боль

korriment
повреждение

fsada
кровотечение

attakk tal-qalb
инфаркт

puplesija
инсульт

allerġija
аллергия

sogħla
кашель

deni
повышенная температура

influwenza
грипп

dijarea
понос

uġigħ ta' ras
головная боль

kanċer
рак

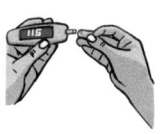

dijabete
диабет

kirurgu
хирург

skalpell
скальпель

operazzjoni
операция

sptar - больница

CT
КТ

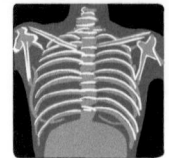

raġġi x
рентген

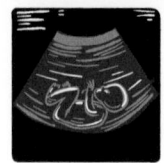

ultrasound
ультразвук

maskra tal-wiċċ
маска

marda
болезнь

kamra tal-istennija
приёмная

krozza
костыль

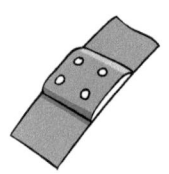

ġibs
пластырь

faxxa
бинт

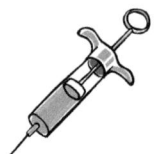

injezzjoni
укол

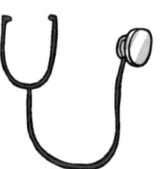

stetoskopju
стетоскоп

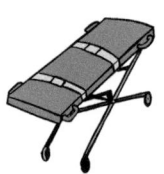

streċer
носилки

termometru kliniku
термометр

twelid
рождение

piż żejjed
избыточный вес

74   sptar - больница

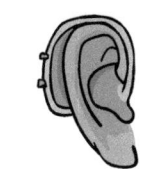

għajnuna għas-smigħ

слуховой аппарат

diżinfettant

дезинфекционное средство

infezzjoni

инфекция

virus

вирус

HIV / AIDS

ВИЧ / СПИД

mediċina

лекарство

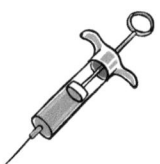

tilqim

прививка

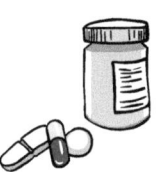

pilloli

таблетки

pill

противозачаточная таблетка

sejħa ta' emerġenza

экстренный вызов

monitor tal-pressjoni tad-demm

прибор для измерения кровяного давления

marid / b'saħħtu

больной / здоровый

emerġenza
неотложный случай

Ajjut
Помогите!

allarm
сигнал тревоги

assalt
нападение

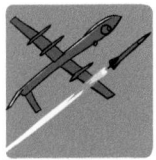

attakk
атака

periklu
опасность

ħruġ ta' emerġenza
запасной выход

Qed jaqbad!
Пожар!

apparat tat-tifi tan-nar
огнетушитель

aċċident
несчастный случай

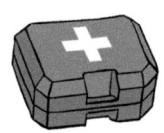

kitt tal-ewwel għajnuna
аптечка

SOS
SOS

pulizija
милиция

dinja
земля

I-Ewropa

Европа

I-Amerika ta' Fuq

Северная Америка

I-Amerika ta' Isfel

Южная Америка

I-Afrika

Африка

I-Asja

Азия

I-Awstralja

Австралия

I-Atlantiku

Атлантический океан

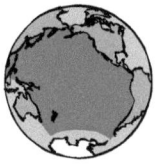

il-Paċifiku

Тихий океан

I-Oċean Indjan

Индийский океан

I-Oċean Antartiku

Антарктический океан

I-Oċean Artiku

Северный Ледовитый океан

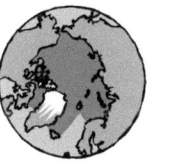

Pol tat-Tramuntana

Северный полюс

Pol tan-Nofsinhar — I-Antartika — dinja

Южный полюс — Антарктика — земля

art — baħar — gżira

суша — море — остров

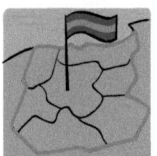 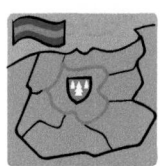

nazzjon — stat

нация — государство

arloġġ
часы

wiċċ l-arloġġ
циферблат

sigħatiera
часовая стрелка

minutiera
минутная стрелка

sekondiera
секундная стрелка

X'ħin hu?
Который час?

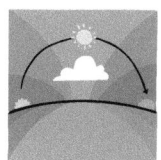
jum
день

ħin
время

issa
сейчас

arloġġ diġitali
электронные часы

minuti
минута

siegħa
час

ġimgħa
неделя

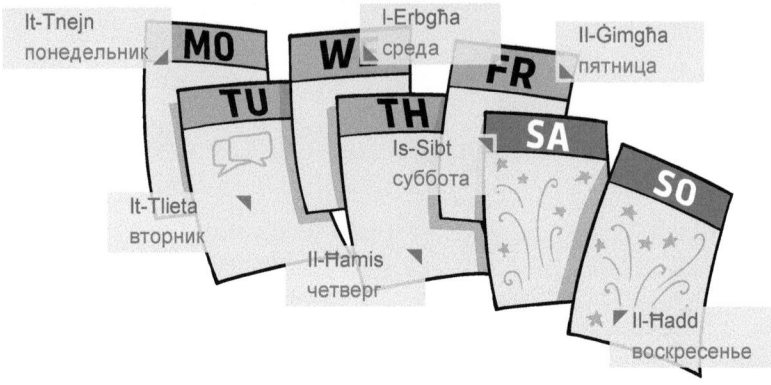

ilbieraħ
вчера

illum
сегодня

għada
завтра

filgħodu
утро

nofsinhar
полдень

filgħaxija
вечер

jiem tax-xogħol
рабочие дни

tmiem il-ġimgħa
выходные

ġimgħa - неделя

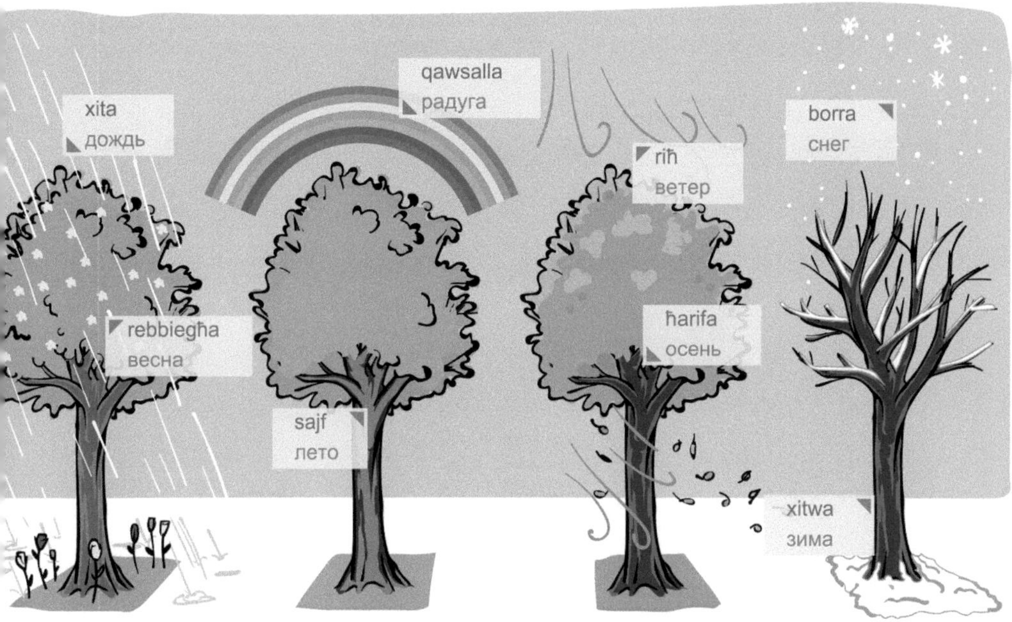

sena
год

xita
дождь

qawsalla
радуга

riħ
ветер

borra
снег

rebbiegħa
весна

sajf
лето

ħarifa
осень

xitwa
зима

tbassir tat-temp

прогноз погоды

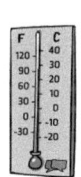

termometru

термометр

xemx

солнечный свет

sħaba

туча

ċpar

туман

umdità

влажность воздуха

beraq
молния

ragħad
гром

maltempata
буря

silġ
град

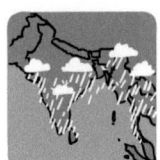

monsun
муссон

għargħar
наводнение

silġ
лёд

Jannar
январь

Frar
февраль

Marzu
март

April
апрель

Mejju
май

Ġunju
июнь

Lulju
июль

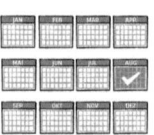

Awwissu
август

Settembru
сентябрь

Ottubru
октябрь

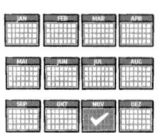
Novembru
ноябрь

Diċembru
декабрь

forom
формы

ċirku
круг

kwadru
квадрат

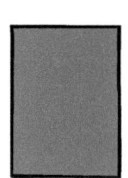
rettangolu
прямоугольник

trijanglu
треугольник

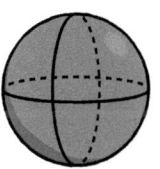
sfera
шар

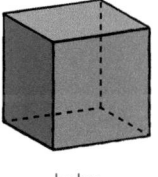
kubu
куб

kuluri
цвета

abjad
белый

isfar
желтый

oranġjo
оранжевый

roża
розовый

aħmar
красный

vjola
лиловый

blu
синий

aħdar
зелёный

kannella
коричневый

griż
серый

iswed
черный

opposti
противоположности

ħafna / ftit
много / мало

rrabjat / kalm
яростный / мирный

sabiħ / ikrah
красивый / уродливый

bidu / tmiem
начало / конец

kbir / żgħir
большой / маленький

jgħajjat / mudlam
светлый / тёмный

ħu / oħt
брат / сестра

nadif / maħmuġ
чистый / грязный

komplut / mhux komplut
полный / неполный

jum / lejl
день / ночь

mejjet / ħaj
мёртвый / живой

wiesa' / dejjaq
широкий / узкий

jittiekel / ma jittikilx

съедобный / несъедобный

ħażin / twajjeb

злой / дружелюбный

eċċitat / imdejjaq

взволнованный / скучающий

oħxon / irqiq

толстый / худой

l-ewwel / l-aħħar

сначала / в конце

ħabib / għadu

друг / враг

mimli / vojt

полный / пустой

iebes / artab

твёрдый / мягкий

tqil / ħafif

тяжёлый / лёгкий

ġuħ / għatx

голод / жажда

marid / b'saħħtu

больной / здоровый

illegali / legali

незаконный / законный

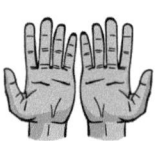

intelliġenti / stupidu

умный / глупый

xellug / lemin

слева / справа

qrib / 'il bogħod

близко / далеко

opposti - противоположности

ġdid / użat
новый / подержанный

xejn / xi ħaġa
ничто / нечто

xiħ / żagħżugħ
старый / молодой

mixgħul / mitfi
включено / выключено

miftuħ / magħluq
открыто / закрыто

kwiet / storbjuż
тихо / громко

sinjur / fqir
богатый / бедный

tajjeb / ħażin
правильный / неправильный

aħrax / lixx
шероховатый / гладкий

imdejjaq / ferħan
печальный / счастливый

qasir / twil
короткий / длинный

bil-mod / għaġġieli
медленный / быстрый

imxarrab / niexef
мокрый / сухой

sħun / frisk
тёплый / прохладный

gwerra / paċi
война / мир

opposti - противоположности

numri
цифры

0
żero
ноль

1
wieħed
один

2
tnejn
два

3
tlieta
три

4
erbgħa
четыре

5
ħamsa
пять

6
sitta
шесть

7
sebgħa
семь

8
tmienja
восемь

9
disgħa
девять

10
għaxra
десять

11
ħdax
одиннадцать

12
tnax
двенадцать

13
tlettax
тринадцать

14
erbatax
четырнадцать

15
ħmistax
пятнадцать

16
sittax
шестнадцать

17
sbatax
семнадцать

18
tmintax
восемнадцать

19
dsatax
девятнадцать

20
għoxrin
двадцать

100
mija
сто

1.000
elf
тысяча

1.000.000
miljun
миллион

lingwi
языки

Ingliż

английский

Ingliż Amerikan

американский английский

Ċiniż Mandarin

мандаринский китайский

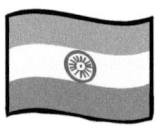

Ħindi

хинди

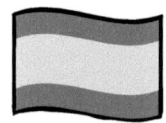

Spanjol

испанский

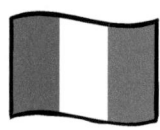

Franċiż

французский

Għarbi

арабский

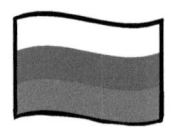

Russu

русский

Portugiż

португальский

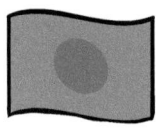

Bengali

бенгальский

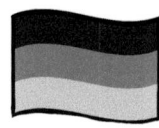

Ġermaniż

немецкий

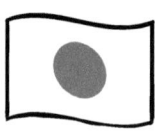

Ġappuniż

японский

min / xiex / kif
кто / что / как

Jien

я

int

ты

hu / hi / -

он / она / оно

aħna

мы

intom

вы

huma

они

min / xiex / kif

кто?

xiex

что?

kif

как?

fejn

где?

meta

когда?

isem

имя

fejn
где

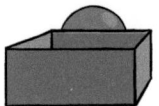

fuq wara

за

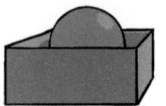

ġo

в

fuq quddiem ta'

перед

fuq

над

fuq

на

taħt

под

ma' ġenb

рядом

bejn

между

post

место